RECVEIL
DE
PLVSIEVRS ACTES
REMARQVABLES POVR
L'HISTOIRE DE CE
TEMPS;

Desquels l'Indice se veoit en la page
suiuante.

S. HIERONYMVS ZACH. XII.
POPVLVS DEI,
INQVIT,
VIA REGIA GRADIEMVR,
NEC AD DEXTERAM
NEC AD SINISTRAM
DECLINABIMVS.

* † *

M. DC. XIII.

INDICE
DES
ACTES CONTENVS
EN CE PRESENT
RECVEIL.

L'AN 1612. le premier iour de Septembre six à sept heures du matin; Nous Georges le Cirier premier, & Seraphin Mauroy Huissiers du Conseil d'Estat & Priué du Roy, suiuant le commandement à nous verbalement faict de la part de sa Majesté, *par Monseigneur le Chancelier*, & en vertu des lettres patentes en forme de Commission à nous addressantes, donnees par sadite Majesté de l'aduis de son dict Conseil, auquel estoient la Royne Regente sa mere, les Princes de son sang, autres Princes & Officiers de sa Couronne le 27. iour d'Aoust dernier, signees, LOVYS : Et plus bas, par le Roy, la Royne Regente sa mere presente, Phelippeaux, & seellees sur simple queuë du grand sceau de cire jaune, sur le rapport faict à sa Majesté du procés verbal faict par deux Notaires du Chastelet de Paris le premier iour de Iuin dernier, de ce qui s'est passé en l'assemblee tenuë ledict iour au College de Sorbonne, par les Docteurs de la Faculté de Theologie, & des oppositions, protestations d'appel comme d'abus, dires & declarations rapportees par iceluy sur la proposition faicte en ladicte assemblee pour l'election d'vn noueau Sindic de ladicte Faculté, au lieu de Maistre Emon Richer. Et desirant sadicte Majesté mettre fin aux differends de ladicte Faculté & remedier aux inconueniens que leurs diuisions peuuent causer au grand prejudice du bien & repos de ses subiets, & de l'Estat Ecclesiastique en son Royaume, nous sommes transportez audit College de Sorbonne, ou ayant trouué Maistre Nicolas Roguenant Doyen de ladicte Faculté de Theologie, luy aurions faict entendre nostre Commission, lequel à l'instant estat entré en la grand sale, ou estoient grand nombre de Docteurs de ladicte Faculté de Theologie, & entr'autres ledict Richer, & apres qu'il leur a eü faict entendre que nous estions là venus de la part du Roy, & de la Royne Regente sa mere, pour leur y

signifier, & faire asçauoir la volonté de ladicte Majesté, pour raison du Sindicat de ladicte Faculté, Il
nous auroit faict appeller & entrer en ladicte assemblee, ou nous ayant esté donnee seance, luy aurions,
& à toute l'assemblee monstré & signifié les susdictes
lettres, & d'icelles faict lecture à haute voix, par nous
le Cirier, & ausdicts Doyen & Docteurs faict commandement de par le Roy, *qu'ils ayent presentement à pro-
ceder à l'election* d'vn nouueau Sindic au lieu dudit Richer, & ce nonobstant oppositions ou appellations
quelconques, faictes ou a faire, pour lesquelles sa Majesté ne veut estre par eux differé, s'en estant à elle & à
sondict Conseil reseruee la cognoissance, & icelle interdicte a toutes les Cours & Iuges, suiuant & ainsi
qu'il est plus à plain mentionné esdites lettres & Commission, desquelles lesdicts Doyen & Docteurs nous
ont requis coppies qui leur a esté baillée auec l'ex-
ploict, signé de nous Huissiers susdicts.

Ce faict nous sommes sortis & retirez au jardin dudit College ou nous auons attendu la leuée de ladicte
assemblée, apres laquelle nous sommes addressez audict sieur Doyen, & iceluy requis nous dire, s'il auoit
esté par luy & ladicte assemblée procedé à ladicte election d'vn nouueau Sindic, d'autant qu'il nous estoit
besoin certifier le Roy, *la Royne Regente sa mere, & Monseigneur le Chancellier*, de leur obeissance à la volonté de
sa Majesté, lequel sieur Doyen auec plusieurs desdits
sieurs Docteurs l'a suruenus, nous ont faict responce
que le sieur *Filesac Curé* en l'Eglise sainct Iean de ceste
ville, & l'vn desdicts Docteurs, a esté & est nommé
& esleu par leur assemblée, Sindic de la Faculté de
Theologie, au lieu dudict Richer, laquelle a aussi
esleu & deputé quatre Docteurs d'icelle pour aller
supplier leurs Majestez & mondict Seigneur le Chancellier auoir ladicte eslection pour agreable, dont &
de ce que dessus, le present proces verbal a esté faict
par nous premier Huissier susdit soussigné, le CIRIER.

I

CONCLVSIO
FACVLTATIS THEOLOGIÆ
Parisiensis facta in Comitijs ordinariis
celebratis 1. die Septemb.
CIↃ IↃC XII.

Cum Apologetico Magistri Edmundi Richer
pro seipso.

ANno Domini CIↃIↃCXII. 1. die Septemb. sacra
Theologiæ Facultas Parisiensis post Missam so-
lemnem de Spiritu sancto, sua stata & vsitata habuit
Comitia in aula Sorbonæ.

Primo post lectionem Conclusionum superioribus comitiis
mensis Augusti editarum factam à Magistro nostro Edmundo
Richer tum Syndico, comparuere duo Apparitores sacri Con-
sistorij in dicta Aula, qui sedere iussi ostentarunt litteras Re-
gias maiore sigillo munitas, easque recitarunt hoc tenore;

LOVYS par la grace de Dieu Roy de France &
de Nauarre, A nos chers & bien-amez George
le Cirier, & Seraphin Mauroy Huissiers en nostre
Conseil d'Estat & Priué, Salut: Sur le rapport qui
nous a esté faict en nostre Conseil du procés verbal
faict par deux Notaires du Chastelet de Paris le premier iour du mois de Iuin dernier de ce qui s'est passé
en l'assemblée tenuë ledit iour au College de Sorbonne par les Docteurs de la Faculté de Theologie,
& des oppositions, protestations d'appel comme d'a-
bus, dires & declarations, rapportees par iceluy sur la
proposition faicte en ladicte assemblee pour l'election
d'vn nouueau Syndic en ladicte Faculté au lieu de
Maistre Emond Richer, desirant mettre fin aux dif-
ferents de ladicte Faculté, & remedier aux inconue-
nients que leurs diuisions peuuent causer au grand

A

preiudice du bien & repos de nos subiets, & de l'Estat Ecclesiastique en ce Royaume, duquel nous sommes protecteur, & conseruateur, de l'aduis de nostredict Conseil auquel estoyent la Royne Regente nostre tres-honoree Dame & Mere, les Princes de nostre sang, autres Princes & Officiers de nostre Couronne, NOVS AVONS ordonné qu'en la prochaine assemblée de ladicte Faculté il sera procedé par les Docteurs d'icelle à l'election d'vn nouueau Syndic au lieu dudict Richer pour exercer ladicte charge pendant le temps qu'il sera aduisé en ladicte assemblee, & qu'à ceste fin le Doyen ou autre plus ancien sera tenu prendre & receuoir les voix & suffrages desdicts Docteurs, auquel enioignons ce faire sans difficulté. SI VOVS mandons & tres-expressement enioignons signifier & faire sçauoir le contenu en ces presentes ausdicts Doyen Docteurs & tous autres qu'il appartiendra, & leur faire commandement de par nous qu'ils ayent a y satisfaire & obeir de poinct en poinct selon leur forme & teneur, nonobstant oppositions ou appellations quelsconques faictes ou à faire, pour lesquelles ne voulons estre differé, la cognoissance desquelles nous auons retenuë, & reseruée à nous & à nostre Conseil, & icelle interdicte à toutes nos Cours & Iuges; De ce faire vous donnons plain pouuoir, puissance, authorité & mandement special: Mandons à tous nos Officiers & subiects qu'à vous, en ce faisant ils obeissent, nonobstant toutes choses, à ce contraires. Car tel est nostre plaisir. Donné à Paris le 27. iour d'Aoust, l'an de grace, 1612. Et de nostre Regne le troisiesme.

Signé,   LOVYS.
Et plus bas par le Roy la Royne Regente sa Mere presente, Phelypeaux. Et scellé du grand seel de cire iaune en simple queuë.

TVM Magister noster Edmundus Richer velut libellum
quédam apologeticum pro seipso palā omnibus audientibus
perlegit, cuius exemplum manu propria obsignatum obtulit ho-
norando Magistro nostro Roguenant tunc temporis Decano,
qui iuxta edictionem Regiam in ipsis litteris expressam proposuit
honorandis Magistris nostris, vt de nouo Syndico eligendo sen-
tentiam ferrent; ac ea quidem penè omnium sententia fuit, vt
gratias agendas censerent ipsi Magistro nostro Edmundo Richer
ob res præclarè in Syndicatu gestas, excepto libro, cuius titulus
de Ecclesiastica & Politica potestate, nec non etiam li-
bello isto apologetico ab eodem in ipsis comitiis perlecto, quem
quidem improbarunt & damnarunt adiecta interminatione, vt
si euulgaretur eiusmodi libellus apologeticus, dictus Magister noster auctor illius libelli ex ipsa expungeretur Facultate. Deinde
communibus & consentientibus omnium suffragiis suffectus est
in locum Magistri nostri Edmundi Richer Magister noster Ioan-
nes Filesac, atque ijs quidem legibus & conditionibus vt Syndica-
tus biennij spatio circumscriberetur, & inciperet Kalendis
Octobris, quod est principium anni Academici, ita tamen vt
elapso priore anno Syndicus ipse roget Facultatem, quatenus aut
ei Syndicatum in annum sequentem, seu quandiu visum erit ipsi
Facultati proroget, aut illi successorem assignet. Secundo Magister
noster Filesac recens creatus Syndicus tria rogauit; Primum, vt
quotannis quatuor eligantur à Facultate Conscriptores, quorum
consilium & operam adhibeat Syndicus in conscribendis Con-
clusionibus Facultatis antequam describantur in libro Conclusionum, & subsignentur à Domino Decano, atque ijs inconsultis
non liceat Syndico vllas conscribere Conclusiones; suntque ad id
muneris selecti honorandi Magistri nostri Loppé, le Clerc, Isam-
bert, & Besse. Secundum, vt rogatio ab eodem facta anteà men-
se Februario superiore de tribus seris tabulario publico Facultatis, quod est in ædibus ipsius, apponendis, executioni mandaretur.
Tertium, vt duo è Magistris nostris Magistrum nostrum Richer
adirent, à quo repeterent & reciperent omnes libros; omniaque
monumenta quæ ad ipsam spectarent Facultatem, quæque in sua
ille haberet potestate, suntque nominati ad eam rem honorandi

Magiſtri noſtri Carolus de la Sauſſaye, & Michael Colin. De-
cretum inſuper vt honorandi Magiſtri noſtri Gazil, Gillet, Lop-
pé, de Gamaſches, Coeffeteau, Colin, vna cum Syndico Sereniſſi-
mam Reginam, & Dominum Cancellarium adeant.

Emond Richer Docteur & Syndic de la Faculté
de Theologie de l'Vniuerſité de Paris, pour reſponſe
à la ſignification & lecture qui a eſté preſentement faicte par &c.

Dict que la R o y n e eſtant vne Princeſſe qui a la
Iuſtice en ſinguliere recommandation , il ne peut
croire quelle approuue que l'on le depoſe de la charge de Syndic de la Faculté de Theologie exercee par
luy depuis quatre ans & demy auec telle ſincerité,
integrité, & diligence que ſes ennemis meſmes en ont
rendu teſmoignage honorable par la bouche de celuy qui feit la propoſition en l'aſſemblée du premier
Iuin dernier .

Que ceſte depoſition eſt ordonnee contre l'vſan-
ce & couſtume de tout temps obſeruee en la Faculté,
ſans auoir gardé les formes ordinaires , ſans plainte,
ſans cauſe , ſans qu'il ait eſté ouy ny appellé , qui eſt à
dire en vn mot contre la loy diuine & naturelle, qui
improuue qu'aucun ſoit condamné ſans eſtre prealla-
blement ouy .

Eſt croyable que ceſte ordonnance a eſté extor-
quee par l'importunité extraordinaire de ſes ennemis,
qui apres auoir ietté des ſemences de diuiſion en la
Faculté, practiqué tous moyens & toutes ſortes de
brigues honteuſes pour le depoſer depuis ſept mois
par la voye de la Faculté , voyans leurs brigues & fa-
ctions deſcouſuës, eſuätees & blaſmees d'vn chacun,
ils ont eu recours à ce dernier expedient pour effectuer le deſſein de ſa depoſition concerté & reſolu entr'eux de longue main, tant la haine qu'ils luy portent
eſt grande & implacable.

Que

Que les caufes de cefte haine fe peuuent reduire à quatre chefs.

Le premier, qu'incontinent apres le Parricide execrable commis en la perfonne du feu Roy HENRY le GRAND, luy qui refpond defireux felon le deu de fa charge pourueoir à la conferuation des perfonnes facrées de nos Roys, voyant qu'en vingt ans, oultre plufieurs attentats, l'on auoit raui deux Princes à la France, il procura en la Faculté de Theologie la Cenfure de la doctrine diabolique qui authorife les affaffins, en fuite de laquelle Cenfure le liure abhominable de Iean Mariana fut publiquement bruflé par Arreft de la Cour de Parlement du 8. Iuin 1610.

Le fecond, que le 27. de May 1611. au Chapitre general des Iacobins, il f'oppofa aux entreprifes de ceux qui durant la minorité du Roy, à la face du Parlement, & de l'Vniuerfité vouloyent condamner l'ancienne doctrine de la Faculté de Theologie de Paris authorifee pour verité Catholique par le Concile Oecumenique de Conftance, lequel l'Eglife Gallicane a tellement receu, embraffé, & approuué, qu'vne bonne partie de la police du Royaume de France en a prins fondement.

Le troifiefme, qu'il a contribué tout ce qui eftoit en luy pour la deffence de l'Vniuerfité contre les entreprifes des Iefuites, lefquels afin d'eftablir vne forme d'Empire fur toute la Chreftienté, f'efforcent reduire les lettres & l'inftitution de la ieuneffe à leur feule compagnie, & peruertir l'ordre Hierarchique eftably par le fainct Efprit, moyennant l'entremife des Apoftres & anciens Peres de la primitiue Eglife, au moyen dequoy ils ont plus de pouuoir en l'Eglife que tous les Prelats ordinaires.

Le quatriefme, que depuis l'Arreft donné en la caufe de l'Vniuerfité le 22. Decembre 1611. portant que les Iefuites foubfcriront la doctrine de l'Efchole de Sorbonne en ce qui concerne la conseruation des personnes sacrees des Roys, manutention de leur authorité Royalle, & libertez de l'Eglise Gallicane de tout temps & ancienneté gardées & obseruées en ce Royaume, lesdicts Iesuites ont employé toutes sortes d'artifices pour faire reprouuer & condamner ceste doctrine, tant en soy qu'en la personne de luy qui respond, à dessein de rendre illusoire l'execution dudict Arrest, auquel ils ne peuuent satisfaire, sinon en renonçant à l'institut de leur Societé, qui ne subsiste qu'en la puissance absoluë qu'ils attribuent au S. Pere, mesmes sur le Concile.

Quant au traicté *de Ecclesiastica & Politica potestate*, il l'a composé par le commandement d'vn personnage de grand nom, merite, & authorité, lequel apres l'action qui se passa aux Iacobins le 27. May 1611. voulut estre esclaircy de l'ancienne doctrine & conclusions de la Faculté de Theologie de Paris, que luy qui respond a tousiours soubmis & soubmet ledict Traicté à la censure de l'Eglise Catholique, Apostolique & Romaine, & de la Faculté de Theologie, qu'il respecte & honore comme sa Mere, & ne desire rien tant qu'il soit examiné par personnes capables, non suspectes de faueur ou de haine, ny interessees en la doctrine contraire. Et declare d'abondant comme il a faict ailleurs qu'il est prest rendre raison de la doctrine contenuë en iceluy, & iustifier quelle est veritable & orthodoxe par autheurs authorisez & non censurez, qui ont escrit auparauant les diuisions suruenuës en l'Eglise sur le subiect de la religion depuis cent ans.

En toutes les circonstances cy-dessus remarquees, luy qui respond s'est tousiours tenu sur la defensiue auec toute la moderation qui se peut desirer en vn Theologien, de sorte que si ces contentions ont causé du trouble ou de la diuision, ce n'est à luy que le

blaſme & la faulte en doiuent eſtre imputez, mais à
ceux qui ſe ſont eſtudiez depuis la mort du feu Roy
d'opprimer les maximes receuës en France de toute
ancienneté, ont publié diuers eſcrits contre l'authorité ſouueraine de nos Roys pour exciter les ſubiects
à ſouſleuement contre leur Prince, ſubſtraction de
leur obeyſſance, induction d'attenter à leurs perſon-
nes, & troubler le repos & tranquillité publique.

Que ſi l'on prend pour pretexte de ſa depoſition la
pretenduë Cenſure interuenuë contre le traicté *de
Ecclesiaſtica & Politica poteſtate*, il maintient qu'elle eſt
nulle, ayant eſté faicte à la ſollicitation de Monſieur
le Nonce du S. Pere, contre les formes preſcriptes par
les ordonnances, ſans l'ouir ny appeller, & ſans que
l'on ait deuëment examiné ledict traicté, ny cotté
particulierement ce qui peut eſtre ſubiet à cenſure en
iceluy ſoit au ſens ou aux parolles: au contraire par
vne exception vague des droicts du Roy, & libertez
de l'Egliſe Gallicane, l'on a excepté ce que l'on con-
damne, & condamné ce que l'on excepte: D'ailleurs
ayant interietté appel comme d'abus de ladicte cenſure, & preſenté ſon relief à la Chancellerie contenant aucunes des nullitez qui ſ'y remarquent, ledict
relief a eſté refuſé ſur le ſeau; c'eſt pourquoy il ſ'eſt
pourueu par requeſte à la grand' Chambre du Parlement, afin d'eſtre tenu pour bien releué, ou ayant
obtenu le conſentement de Monſieur le Procureur
General du Roy, il n'a eſté en ſon pouuoir quelque
inſtance & pourſuite qu'il ait faicte d'auoir iuſtice, ny
d'eſtre ouy pour eſclaircir vn chaſcun de la ſincerité
de ſes intentions, & de la verité de ſon eſcrit, meſmes au lieu ou de receuoir & iuger ſon appel, ou luy
laiſſer la liberté de deffendre ſon honneur & les pro-
poſitions rapportees en ſon eſcrit, ſes ennemis contre tout droict diuin, naturel, & humain, luy ont faict
faire deffences d'eſcrire pour la verité de la doctrine

de l'Eschole de Paris, des libertez de l'Eglise Gallicane, & des droicts, & authorité souueraine du Roy; de
sorte que par ce monopole l'ancienne doctrine de-
meurant enseuelie, & ne se traictant plus en l'Escole,
ny par les Docteurs particuliers, il arriuera en bref
que le Roy & ses Magistrats qui voudront maintenir
la police de France fondee sur ceste doctrine seront
reputez tyrans, vsurpateurs, comme deffendans vne
chose condamnee.

Quelque chose qui luy puisse arriuer, il declare &
proteste vouloir mourir enfant tres-humble & tres-
obeissant de l'Eglise Catholique, Apostolique &
Romaine, subiect & seruiteur du Roy & de la Royne,
asserteur de la verité & ancienne doctrine de la Faculté de Theologie de Paris, laquelle il deffend non
par opiniastreté, ambition, desir de gloire, de biens,
ou par autre mauuaise intention & interest particulier, ains par certaine euidente & necessaire cognoissance qu'il a acquise depuis vn long temps qu'il sest
employé à la lecture des Conciles, anciens Peres &
Docteurs de l'Eglise, pour la necessité extreme qui
est auiourd'huy de s'opposer & resister aux pernicieu-
ses & detestables doctrines, que l'on faict artificieu-
sement couler aux esprits, de deposer les Roys, & tuer
les tyrans; la premiere proposition seruant de preuue
certaine à la derniere.

C'est pourquoy il demande acte de ce que dessus,
à ce qu'il soit cogneu par la posterité qu'il est deposé
sans cause, à la poursuite & sollicitation de Monsieur
le Nonce de sa Saincteté, des Iesuites, & leurs con-
fidents, afin que l'Arrest interuenu pour l'Vniuersité
contre lesdicts Iesuites demeure sans effect, proteste
de nullité de tout ce qui se faict contre luy, sans qu'il
ayt esté ouy, & persiste en l'appel comme d'abus par
luy interietté de la pretenduë Censure faicte de son
escrit, esperant que son innocence & droicte intention

9

tion seront vn iour cogneuës, & que Dieu luy fera la
grace d'estre ouy en ses iustes deffenses.

Le contenu cy-dessus, signé de la main dudict Richer, a esté par luy baillé à Maistre Nicolas Roguenant Doyen de la Faculté de Theologie de Paris en
la congregation ordinaire d'icelle Faculté tenuë en la
grand'salle du College de Sorbonne, le premier iour
de Septembre, mil six cents douze, dont il a requis
acte presents les Docteurs qui ont assisté à ladicte
congregation.

CONCLVSIO
FACVLTATIS THEOLOGIÆ
Parisiensis facta in Comitijs ordinarijs
celebratis 1. die Octobris
CIƆ IƆC XII.

A N N O *Domini* CIƆ IƆC XII. 1. *die Octobris* , *sacra*
Theologiæ Facultas Parisiensis post Missam solemnem
de Spiritu sancto, sua ordinaria & vsitata habuit Comitia in
aula Sorbonæ.

P R I M O , *postlectionem Conclusionum superioribus Comi-*
tijs mensis Septembris editarum, honorandus Magister no-
ster de la Saussaye & suo, & Magistri nostri Colin nomine re-
tulit se ex mandato Facultatis adijsse Magistrum nostrum Ri-
cher, à quo recepit omnia scripta & monumenta ad Faculta-
tem spectantia, quæ in sua potestate huc vsque habuisse dictus
Magister noster Richer affirmauit, in cuius rei fidem indicem
seu inuentarium horum omnium manu sua obsignatum tradidit
Magister noster Colin. Secundò, Magister noster Richer iterum
obtulit eundem libellum Apologeticum, quem superioribus Co-
mitijs mensis Septembris obtulerat Magistro nostro Roguenant
tunc temporis Decano, petijtque actum sibi dari oblati à se Fa-

C

cultati istius libelli apologetici ; addiditque insuper varias & multiplices protestationes, intercessiones, appellationes, & recusationes, ad quas nihil à Facultate responsum, cum ipsi non essent exhibita exempla earum omnium protestationum & appellationum, ac proinde ipsis conuenienter satisfieri non posset. Tertio, rogatus prædictus Magister noster Richer vt comitijs & aula excederet, quandoquidem non videretur æquum, vt præsens adesset deliberationibus, quæ de illo habendæ viderentur, cumque id facere sæpius recusasset, suasque semper prætexeret appellationes, & recusationes, tandem re in deliberationem adducta, conclusum est, illum excedere ex ipsis debere comitijs. Itaque cum Dominus Decanus illi significasset decretum illud, nullo modo obtemperare voluit, obtinuitque sua pertinacia, vt adfuerit deliberationibus. Quarto, Magister noster Filesac Syndicus supplicauit, vt deliberaret Facultas quid de Conclusione vniuersa comitijs superioris mensis Septembris habita statuere vellet. Visum est conclusionem istam, prout concepta est, retinendam & seruandam, vtpote factam in vim Edicti Regij.

Doctores qui interfuerunt comitijs Kalendarum mensis Octobris CIƆ IƆC XII.

MM.	NN.
Burlat, Decanus.	Mulot, Sorbonicus.
Ballenot, Parisior. Bernardinus.	Froger, Sorbonicus.
Le Roux, Carmelita.	Iulien, Sorbonicus.
Maucler, Sorbonicus.	Hennequin, Sorbonicus.
Gillet, Sorbonicus.	Parent, Sorbonicus.
Maurenvillier, Cardinalitius.	Garnier, Sorbonicus.
Loppé, Nauarricus.	Trenchant, Sorbonicus.
Girard, Sorbonicus.	Neuelet, Crassinus.
De la Saussaye, Sorbonicus.	Dy, Nauarricus.
	Belin, Minor.
	Bourdon, Augustinianus.
	Forgent, Minor.

De Nan, Minor.
Le Bœuf, Augustinus.
Corradin, Minor.
Lucas, Augustinianus.
Pontanus , Augustinia-
 nus.
Rogerius, Girard Augu-
 stinensis.
Forgemont, Nauarricus.
Hubert, Sorbonicus.
Gazil, Sorbonicus.
Du Val, Sorbonicus.
Goslin, Sorbonicus.
Aubry, Sorbonicus.
De Gamaches, Sorboni-
 cus.
Houyssier, Sorbonicus.

Hambert, Sorbonicus.
Sotto, Choletanus.
Roche, Choletanus.
De Harlay , Sorbonicus
 Abbas.
De Poge, Nauarricus.
De Paris, Cardinalitius.
Merlet, Nauarricus.
Champney, Sorbonicus.
Grandin, Minor.
Cheron, Sorbonicus.
Bissoppe, Sorbonicus.
Simeon, Prædicator.
Deslandes, Prædicator.
Bourgoing, Carmelita.
Ichane, Augustininaus.
De Barse, Minor.

ACTES FAICTS
AV COLLEGE DE SORBONNE
le 1. d'Octobre 1612.

E MON RICHER Docteur de la Faculté de Theologie de l'Vniuersité de Paris, Sur la lecture qui
a esté presentement faicte de la Conclusion du premier Septembre dernier, declare qu'il ne peut ap-
pronuer ceste Conclusion en deux chefs; Le premier,
que son aresolu qu'il soit remercie pour auoir exercé
la charge de Scindic auec exception pour le faict du
traicté *de Ecclesiastica & Politica potestate*, Maintient que
ceste exception (qui est vn preiugé contre son escrit,
& vne notte contre luy autheur dudict traicté) doibt
estre rayée de ladicte Conclusion, *pour trois raisons; La*
premiere, resulte de l'Arrest de la Cour de Parlement du
premier Feburier 1612. portant surceance à la Faculté

de deliberer sur le faict dudict traicté; *La seconde,* autres lettres patentes obtenuës de sa Majesté le 27. Aoust dernier, par lesquelles il n'est aucunement parlé de ladicte exception, ny dudict traicté, & consequemment la compagnie a deub côclure sa resolution & côclusion, suiuant la teneur desdites lettres; *La troisiesme, que ceste exception n'a esté resoluë par la plus grande & saine partie des Docteurs qui assisterent à l'assemblee* dudict premier Septembre, ny prononcée & concluë par Maistre Nicolas Roguenant lors seant en la place du Doyen, comme plus ancien de ladicte Faculté.

Le second point, que par la mesme Conclusion on deffend audict Richer de publier la protestation par luy facte contre les lettres du 27. Aoust pour la iustification de son honneur, laquelle deffence contreuient directement au droict diuin & naturel, qui permettent à toutes personnes interessees & offensees de deduire leurs griefs, & deffendre leur honneur auec la moderation requise, ainsi que ledict Richer a faict par ladicte protestation, declarant n'auoir entendu par icelle taxer la Faculté de Theologie, qu'il a tousiours honorée & honore comme sa mere : partât ledict Richer proteste de nullité de ladicte Conclusion. Au regard des deux poincts cy-dessus cottez, interpelle les Doyen & Docteur de ladicte Faculté presens à l'assemblee du iourd'huy luy faire deliurer copie d'icelle Conclusion pour se pouruoir ainsi qu'il verra bon estre; Et en cas de reffus declare qu'il sera côtrainct auoir recours à la Iustice pour luy estre pouruen sur ledict reffus. Et d'autant qu'il est notoire que ladicte Conclusion est interuenuë sur la requisition de Maistre Iean Filesac qui n'a obmis toutes sortes de brigues & artifices pour effectuer la deposition de luy Richer à desseing de se faire subroger en son lieu en la charge de Sindic comme l'euenement l'a monstré, & luy mesme l'a recogneu en ceste compagnie ledict
iour

iour premier de Septembre, lors qu'il dict auoir esté
requis & sollicité à *summatibus*, depuis trois ou quatre
mois d'accepter le Scindicat: maintient iceluy Richer que ledict Filesac s'est declaré son ennemy for-
mel ; ce qu'il tesmoigna par la requisition qu'il fist
contre luy Richer ledict premier de Septembre aussi
tost qu'il eust esté esleu Scindic.

C'est pourquoy il declare que ledict Filesac n'est
receuable à requerir contre luy , soit en qualité de
Scindic ou autre quelcõque, proteste de nullité de la
requisition par luy faicte ledit premier de Septembre
dernier, & de ce qu'il pourra requerir & proposer cy-
apres , & a requis acte de la presente protestation &
declaration faicte le premier d'Octobre 1612. en l'assemblée ordinaire de Faculté de Theologie tenuë en
la grande sale du College de Sorbonne, selon la maniere accoustumée. Ainsi signé, RICHER.

EMON RICHER Docteur de la Faculté de Theologie de l'Vniuersité de Paris, pour respondre à
la proposition & requisition presentement faicte par
Maistre Iean Filesac Docteur en ladicte Faculté &
Scindic d'icelle,

Dict que celuy qui se veoit reduit à la necessité de
deffendre sa vie & son honneur est obligé le faire selon la loy de nature, & n'en peut estre iustement re-
cherché ny blasmé.

Qu'il prend tout le monde à tesmoing dés depor-
temens extraordinaires & estranges auec lesquels ses
ennemis ont taché luy rauir son honneur , depuis
huict ou neuf mois, & de la moderation & retenuë
qu'il a opposee contre leurs calomnieuses imputa-
tions.

Que la responce & protestation qu'il fist en l'assemblée de la Faculté le premier de Septembre dernier, sur les lettres patentes obtenuës de sa Majesté le 27. Aoust 1612. comme chascun sçait, est vne moderée raisonnable & necessaire iustification de son honneur, en laquelle il persiste & est resolu perdre plustost la vie que la desaduoüer, retracter, ou s'en departir, s'oppose à ce qu'il ne soit deliberé sur la proposition dudict Filesac, & empesche quelle ne soit proposée par discrette personne Maistre Hugues Burlat Docteur Theologal d'Orleans present, ou autre quelconque pour estre mise en deliberation, demande acte de ladicte proposition faicte par ledit Filesac, de sa responce à icelle, & de son opposition : Pour moyens de laquelle il employe le contenu cy-dessus, sans preiudice de ce qu'il entend deduire cy-apres en Iustice à mesme fin. Faict en la grand sale du College de Sorbonne à la congregation ordinaire de la Faculté tenuë en la maniere accoustumée par les Docteurs d'icelle Faculté le premier Octobre 1612. Ainsi signé, RICHER.

Ce iourd'huy Lundy premier iour d'Octobre 1612. sur les neuf heures du matin, Maistre Emon Richer Docteur en la Faculté de Theologie, cy-deuant nommé, auroit requis les Notaires au Chastelet de Paris soubsignez, estans lors en la grande sale de Sorbonne où estoyent assistans plusieurs Docteurs de ladicte Faculté desnommez és autres actes presentement faicts en icelle sale, de faire lecture du contenu en l'acte cy-dessus & deuant escript à la requeste dudict Richer : Ce qui auroit esté faict *en la presence* de tous lesdicts Sieurs Docteurs, à quoy auroit esté faict responce par le Sieur Burlat y desnommé, qu'il n'a esté proposé autre chose, sinon si ledict Sieur Richer se debuoit absenter de la compagnie ou non, à raison de la Conclusion derniere du mois passé : A quoy ledict Richer a dict que l'absence requise de sa personne tend à faire confirmer ladicte Conclusion du premier Septembre dernier, contre laquelle il a faict ses protestations, & maintient qu'il n'en peut estre deliberé, dict où l'on voudroit passer outre, & declare qu'il appelle, & de faict a appellé comme d'abus, de tout ce qui sera faict par dessus & au preiudice de ladicte opposition : Proteste faire casser & reuoquer le tout comme attentat, indeuëment & nullement faict; Dont, & de ce que dessus ledict Sieur Richer a requis le present acte pour luy seruir & valoir en temps & lieu. Ce fut faict en ladicte grande sale l'an 1612. le premier iour d'Octobre : Ainsi signé, Richer, Burlat, de Beaumont, & Perier.

Et plus bas est encores escrit l'acte qui enfuit.

ET au mesme instant ledit Richer ayant recogneu que lesdicts Docteurs estoyent resolus de passer oultre, nonobstãt l'appel cõme d'abus par luy presentement interietté, a mis *és mains desdicts Notaires* vn cahier contenant huict roolles, dont sept sont entierement escripts, & sur le huictiesme sont huict lignes & demies, le tout escrit, signé & paraphé dudict Richer, qu'il a dict estre ses moyens de recusation qu'il entend proposer, tant en general qu'en particulier contre aucuns Docteurs de ladicte Faculté, Seculiers & Reguliers, suiuant & pour satisfaire à la declaration qu'il a cy-deuant faicte en ce mesme lieu en l'assemblee du premier iour de Iuin dernier, ladicte declaration receuë par lesdicts Notaires : desquelles recusations n'a peu estre faict lecture à cause du grand bruict qui estoit lors en ladicte assemblee, dont ledict Richer a aussi requis acte pour luy seruir en temps & lieu, comme il verra bon estre par raison, & proteste de

nullité de tout ce qui se traictera & resouldra contre
luy à l'aduenir par les Docteurs desnommez particulierement & generalement audict cahier, & de faire
casser & reuoquer le tout cy-apres en Iustice : lequel
cahier ledict Richer entend faire signifier au Scindie
de ladicte Faculté pour luy, & pour tous les autres
Docteurs y desnommez : & luy a esté iceluy cahier
presentement rendu par lesdicts Notaires. Ce fut faict
en la grand sale ledict iour premier d'Octobre 1612.
Ainsi signé, Richer, de Beaumont, & Perier.